Monika Roller

# Kinder begreifen die Zeit

Montessori-Materialien für die Praxis

Mit Kopiervorlagen

Gedruckt auf umweltbewusst gefertigtem, chlorfrei gebleichtem
und alterungsbeständigem Papier.

3. Auflage 2026

Layout/Satz: PrePress-Salumae.com, Kaisheim
Druck: Rausch Druck GmbH, Aindlinger Str. 14, 86167 Augsburg

ISBN 978-3-95660-**334**-1 www.brigg-verlag.de

# Inhaltsverzeichnis

# Vorwort

Die Zeit wirklich zu begreifen, ist für Grundschulkinder ein Problem. Die Zeitketten sind hierfür eine große Hilfe. Kinder lieben diese Ketten. Bei der Arbeit mit den Ketten wird ihnen aber nicht nur die Zeit begreifbar, sie machen auch noch eine ganze Menge anderer Erfahrungen. Neben der Beschäftigung mit der Zeit als Größe machen sie auch Erfahrungen in den verschiedenen Zahlenräumen. Texte müssen erlesen und richtig eingeordnet werden. So wird auch das Textverständnis und die Zahlvorstellung geschult. Kinder, die sich während der Freiarbeit immer wieder mit den Zeitketten beschäftigen, brauchen keine sachkundlichen Extrastunden zu diesem Themenbereich. Sie können sich hier auch die Zeit nehmen, die sie individuell brauchen, um diesen Bereich zu begreifen.

Ich möchte dies an einem kurzen Beispiel erläutern. Ich hatte einen Schüler, der im ersten Schuljahr immer wieder, fast täglich, mit der Urzeitkette arbeiten wollte. Konnte ich das verantworten, sollte er nicht auch mal etwas anderes tun? Ich ließ ihn weiterhin mit der Kette arbeiten, denn mir war klar geworden: Durch das Anlegen der Zeitpfeile orientierte er sich im Zahlenraum. Auch im Lesen machte er Fortschritte, denn er musste ja die richtigen Textkarten zuordnen. Diese Erfahrung bestätigte mir nochmals, wie viele Bereiche eigentlich mit diesen Materialien abgedeckt werden.

Bei den Materialien zu den einzelnen Ketten werden zahlreiche Themen angesprochen. Die Informationen können in diesem Zusammenhang natürlich nur sehr knapp sein. Aber immer wieder wird gerade dadurch das Interesse an einem bestimmten Thema bei Kindern geweckt und sie können sich mithilfe anderer Materialien oder Sachbücher ausführlich mit diesem Thema beschäftigen und eigene Projekte erarbeiten.

Bevor die Materialien eingeführt werden, sollten als Einstieg zu den zentralen Themen der Kosmischen Erziehung die großen Erzählungen, die zentraler Bestandteil der Montessori-Pädagogik sind, erzählt werden. Ich freue mich, dass wir in den letzten Jahren Zugang zu diesen Erzählungen haben, denn lange waren sie verborgen. Die fünf großen Erzählungen sind

- Die große Erzählung von der Entstehung des Lebens
- Die große Erzählung von der Entwicklung des Lebens
- Die große Entstehung vom Kommen des Menschen
- Die Erzählung über die Entstehung der Schrift
- Die Erzählung von der Entwicklung der Zahlen

Unterstützt werden die Erzählungen durch entsprechende Bilder (Charts), Gegenstände als Anschauungsmateral und Experimente. Bei den Literaturhinweisen habe ich verschiedene Veröffentlichungen zu den Erzählungen aufgelistet.

Einige Ketten gibt es bereits fertig oder als Bausatz bei verschiedenen Anbietern. Außerdem gibt es zahlreiche Zusatzmaterialien, wie z. B. Kartensätze zu den einzelnen Themenbereichen. Eine Übersicht befindet sich bei den Bezugsquellen. Die Holzperlen und -kugeln erhält man im Bastelbedarf, u. a. bei Labbé (siehe Bezugsquellen). Bei der Jahreskette und der Urzeitkette sind Perlen einer Farbe in unterschiedlichen Farbnuancen erforderlich. Diese gibt es meist nicht von einer Firma. Entweder muss man Naturholzperlen wie auch bei der Tageskette in verschiedenen Farbnuancen färben oder aber in verschiedene Bastelgeschäfte gehen.

# Tageskette

## Schwerpunkt

Der Tag hat 24 Stunden, aber die Uhr repräsentiert auf den ersten Blick nur 12 Einheiten. Mithilfe der Tageskette sollen die Kinder lernen, die Uhrzeiten richtig abzulesen und den Unterschied z. B. zwischen 12 und 24 Uhr zu verstehen.

## Beschreibung

Die Tageskette hat für jede Stunde des Tages eine dicke Holzperle (Durchmesser ca. 50 mm). Jede Holzperle hat eine andere Farbe: Es gibt weiße, gelbe, rote und blaue Kugeln in verschiedenen Abtönungen. Die letzte Kugel ist schwarz. Die Farbzuordnung lässt sich natürlich individuell je nach Geschmack verändern.

Für jede Stunde des Tages gibt es einen Pfeil sowie Unterlagen für entsprechende Ereigniskarten. Pfeile und Unterlagen für die Ereigniskarten sollten der Farbe der dazugehörenden Holzkugel entsprechen. Da nicht alle Kinder zur selben Zeit auch dasselbe tun, sollten die Ereigniskarten farblich neutral sein, sodass sie individuell verschiedenen Zeitpunkten zugeordnet werden können.

## Einsatz

Die Kinder legen die Tageskette als Kreis aus und ordnen zunächst die Pfeile mit den Uhrzeiten zu. Anschließend wird an jeden Pfeil die entsprechende Unterlage für die Ereigniskarten gelegt. Die Kinder ordnen dann die Ereigniskarten mit den entsprechenden Texten zu.

## Herstellung

Die Kette wird mit verschiedenfarbigen Holzkugeln, wie oben beschrieben, aufgezogen. Für das Einfärben der Holzkugeln gibt es im Fachhandel abgestufte Farbnuancen schon in sehr kleinen Verpackungseinheiten. Die Pfeile und Unterlagen für die Ereigniskarten können aus Sperrholz oder dickem Karton hergestellt und ebenfalls mit der entsprechenden Farbe versehen werden. Die Ergeigniskarten kopieren und laminieren. Diese können auch noch durch Bildkärtchen ergänzt werden.

## Kopiervorlagen

Uhrzeitenpfeile (S. 17), Ereigniskarten I+II (S. 18, 19)

**► Tipp:**
Die Kette gibt es bei Montessori-Lernwelten.

# Uhrzeitenkette

## Schwerpunkt

Die Uhrzeitenkette ist eine Variante von Lernuhren, mit der Minuten und Stunden „begreifbar“ gemacht werden und verschiedene Uhrzeiten geübt werden können.

## Beschreibung

Die Uhrzeitenkette besteht aus 12 dicken farbigen (z. B. roten und blauen) Holzkugeln (Durchmesser ca. 20 mm). Dazwischen befinden sich jeweils immer vier kleinere naturfarbene Holzkugeln (Durchmesser ca. 8–10 mm). Zusätzlich benötigt man Plättchen mit den Ziffern von 1 bis 12 (und/oder 13 bis 24) sowie eine Scheibe mit Zeigern, ein rundes Filztuch und Aufgabenkarten zum Einstellen der verschiedenen Uhrzeiten.

## Einsatz

Am äußeren Rand des runden Filztuches wird die Kette ausgelegt. An die dicken Kugeln werden jeweils die Plättchen mit den Uhrzeiten von 1 bis 12 oder/und 13 bis 24 gelegt. In die Mitte kommt die Scheibe mit den Zeigern. Zusammen mit den Aufgabenkarten können nun verschiedene Uhrzeiten eingestellt und benannt werden.

## Herstellung

Die Kette wird mit den Holzkugeln, wie oben beschrieben aufgezogen, die Holzplättchen werden beschriftet. Gegebenenfalls wird das Filztuch zurechtgeschnitten. Anschließend werden die Aufgabenkarten hergestellt. Scheibe und Zeiger können aus Holz gefertigt oder aus der Kopiervorlage auf Karton kopiert hergestellt werden.

## Kopiervorlage

Scheibe mit Zeigern, Plättchen mit Uhrzeiten (S. 20). Diese Kopiervorlage sollte auf DIN A 3 vergrößert werden.

# Stundenkette

## Schwerpunkt

Sich die Zeiteinheit Sekunde vorzustellen, fällt vielen Kindern besonders schwer. Hier hilft die Stundenkette. Das Auslegen der Kette macht Kindern in der Regel besonders viel Spaß, da es sich um eine sehr lange Kette handelt.

## Beschreibung

Diese Kette ist folgendermaßen aufgebaut: Nach je 59 blauen Holzkugeln (4 mm Durchmesser) folgt eine naturfarbene Holzkugel (12 mm Durchmesser) für die Minutenstriche auf der Uhr. Diese Reihenfolge wiederholt sich, wobei bei jeder 5. Wiederholung eine dicke Holzkugel (ca. 25 mm Durchmesser) für die Stundenstriche auf der Uhr folgt. Zusätzlich benötigt man Karten mit Minuten- und Sekundenangaben.

## Einsatz

Die Kinder legen die Kette aus. Sie können an der Kette Minuten- und Sekundenzeiträume ablesen, Pfeilkarten entsprechend beschriften und an die Kette legen. Den Kindern wird so u. a. bewusst, wie viele Sekunden eine einzige Stunde hat. Für einen Tag würde man 24 solcher Ketten brauchen. Älteren Kindern macht es Spaß auszurechnen, wie viele Ketten man für eine Woche, einen Monat oder sogar für ein Jahr brauchen würde bzw. wie lang diese sein müssten.

**► Tipp:**
Die Stundenkette und eine entsprechende Arbeitskartei ist bei Montessori-Lernwelten erhältlich.

## Herstellung

Natürlich kann man die Kette auch selbst herstellen. Dazu wird die Kette mit den Holzkugeln, wie oben beschrieben, aufgezogen, die Karten (in Pfeilform) werden ausgeschnitten und mit Minuten- und Sekundenangaben beschriftet.

# Zeitrechenrahmen

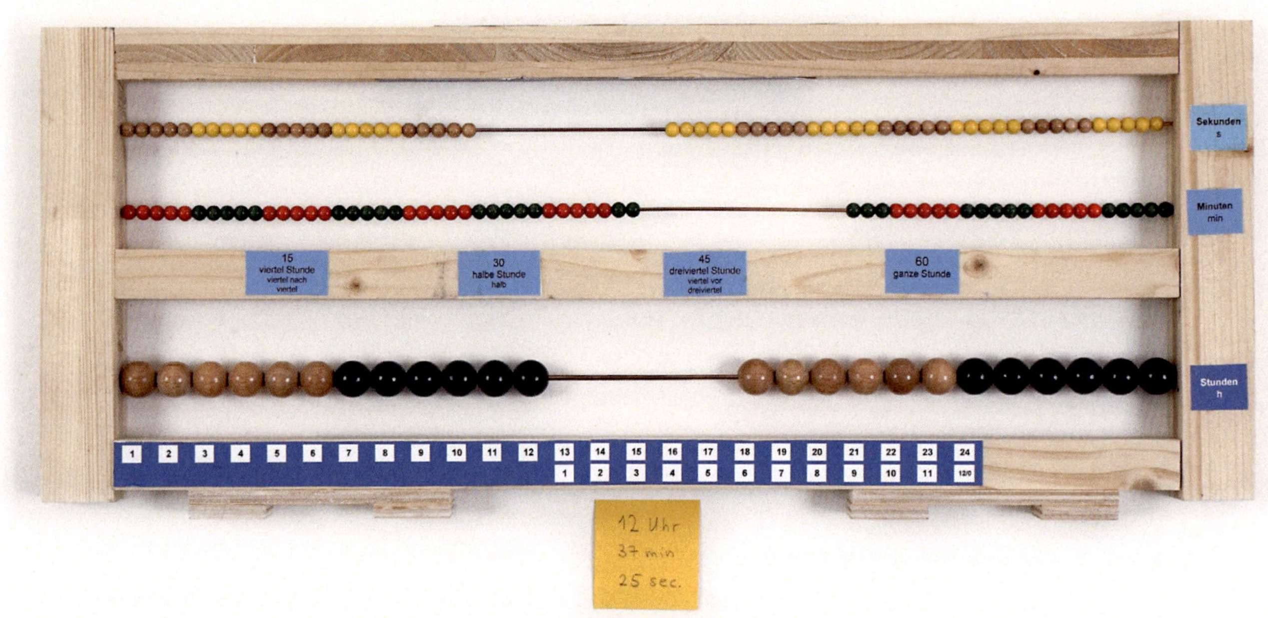


## Schwerpunkt

Mit diesem Zeitrechenrahmen können die Kinder Uhrzeiten einstellen, addieren oder subtrahieren. Der Rahmen entspricht den Prinzipien der Rechenrahmen Maria Montessoris.

## Beschreibung

Auf dem oberen Draht befindet sich die kleinste Einheit, die Sekunden. 60 Kugeln mit einem Durchmesser von 8 mm in zwei Farben, immer jeweils 5 Kugeln abwechselnd. Auf dem mittleren Draht befinden sich die Minuten: wieder 60 Kugeln mit einem Durchmesser von 8 mm in zwei anderen Farben, wieder immer jeweils 5 Kugeln abwechselnd. Auf dem unteren Draht befinden sich Stunden mit insgesamt 24 Holzkugeln mit einem Durchmesser von ca. 20 mm, jeweils 6 Kugeln in einer hellen und 6 in einer dunklen Farbe, z. B. Blau und Naturfarben. Zusätzlich können entsprechende Aufgabenkarten zur Verfügung gestellt werden.

## Einsatz

Die Kinder können – ggf. mithilfe von Aufgabenkarten – eine Uhrzeit einstellen und Zeitspannen addieren oder subtrahieren. Nach dem System des Abakus werden Kugeln, sobald eine Einheit voll ausgenutzt wurde, gegen eine Kugel der nächsthöheren Einheit getauscht.

## Herstellung

Herstellung des Zeitrechenrahmens gemäß der obigen Abbildung. Für die Drähte wurde Schweißdraht verwendet.

## Hinweis:

Der Zeitrechenrahmen wurde im Rahmen einer Lernwerkstatt bei Karl Grass an der PH Schwäbisch Gmünd entwickelt.

# Wochenkette

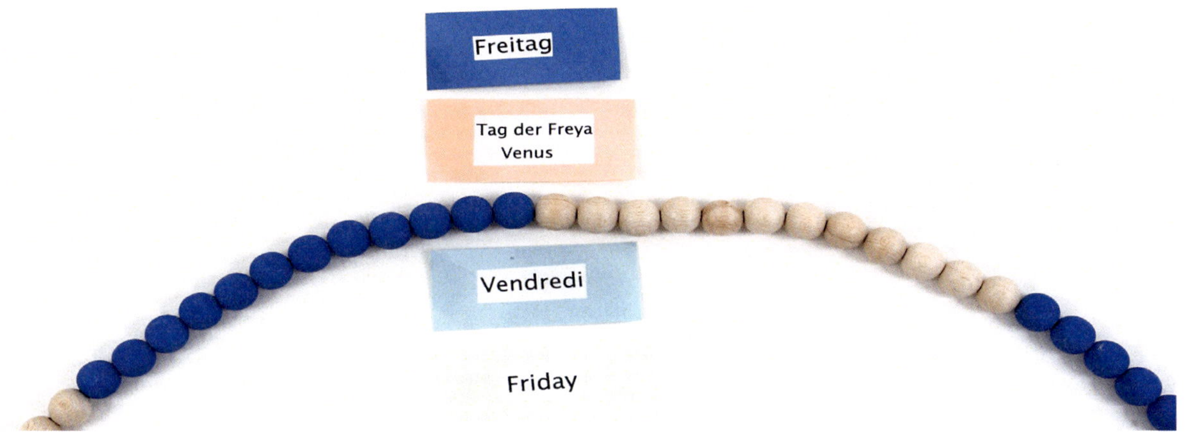


## Schwerpunkt

Mit der Wochenkette lernen die Kinder die sieben Namen der Wochentage (ggf. auch in Englisch und/oder Französisch) sowie deren Bedeutung kennen. Die Wochentage haben eine Geschichte und wurden meistens nach Göttern benannt. Zunächst waren die römischen Götter die Namensgeber, was dann von den Germanen übernommen wurde. Die wählten dann aber ihre eigenen Bezeichnungen. Bei den Kopiervorlagen werden deshalb die römischen und germanischen Varianten angegeben. Sinnvoll ist es, diese auf unterschiedliche Farben zu kopieren. Außerdem gibt es einen weiteren Kartensatz mit kurzen Erläuterungen zu den Wochentagen.

## Beschreibung

Die Wochenkette besteht aus 168 Kugeln: 84 dunkle und 84 helle Kugeln, für jede Stunde der Woche eine. Es können entweder Weiß und Schwarz oder aber Dunkelblau und Naturfarben gewählt werden. Hinter jede sechste dunkle Perle kann eine kleinere Perle in einer neutralen Farbe aufgezogen werden. Dies ist das Zeichen, dass an dieser Stelle ein neuer Tag beginnt.
Für die Darstellung der einzelnen Tage kann man zusätzlich 1/7 eines Kreises aus Stoff, Holz oder Tonkarton zur Verfügung stellen. Des Weiteren braucht man Karten mit den Namen der Wochentage (ggf. in verschiedenen Sprachen) sowie deren Bedeutung.

## Einsatz

Die Teile des Kreises werden ausgelegt und dazu kommen unter die hellen Kugeln die Namen der Wochentage auf Karten (ggf. auch in Englisch oder/und Französisch). Das Ganze kann mit den Bedeutungskarten der Namen ergänzt werden.
Zusätzlich können außerhalb der Kette auch Pfeile mit Zeitpunkten angelegt werden und die Kinder können diese mit persönlichen Daten belegen (z. B. Montag, 10.30 Uhr: Sportunterricht).

**► Tipp:**
Fertiges Legematerial zum Wochenkreis, zu dem auch farbige Abbildungen gehören, gibt es bei BEL-Montessori.
Bei Montessori-Lernwelten gibt es auch noch eine Monatskette.

## Herstellung

Die Wochenkette wird, wie oben beschrieben, aufgezogen. Der Kreis kann aus Stoff, Holz oder Tonkarton – in 7 Kreisteile (Tortenstücke) zerlegt – angefertigt werden. Kopiervorlagen für die Wortkarten finden Sie im hinteren Teil des Buches (s. u.). Nach Bedarf Pfeile für die individuelle Beschriftung bereitlegen.

## Kopiervorlagen

Wortkarten: Wochentage (S. 21), Wortkarten: Herkunftsbedeutung der Wochentage (S. 22)

# Jahreskette

## Schwerpunkt

Mit der Jahreskette lernen die Kinder, dass ein Jahr aus vier Jahreszeiten bzw. 12 Monaten besteht, die einen bestimmten Namen tragen. Viele Feste und Veränderungen in der Natur lassen sich an der Jahreskette gut darstellen.

## Beschreibung

Die Jahreskette besteht aus 366 Kugeln in 12 Farben, davon jeweils drei in verschiedenen Abstufungen der Farbe Grün für die Frühlingsmonate, drei in Gelb für die Sommermonate, drei in Rot für die Herbstmonate und drei in Blau für die Wintermonate. Jeweils die erste Kugel eines neuen Monats sollte etwas größer sein (z. B. 14 mm Durchmesser, die Kugeln der anderen Monatstage ca. 12 mm). Zwischen die einzelnen Kugeln können kleine naturfarbene Kugeln als Abstandshalter aufgezogen werden. Die Kugel für den 29. Februar wird angesägt und separat aufgehoben. Sie kann bei Bedarf in den Jahreskreis eingefügt werden. Hierzu wird der entsprechende Platz zwischen zwei Abstandshalterkugeln freigehalten.

Bei den Kopiervorlagen gibt es verschiedene Begleitmaterialien zur Jahreskette. Sehr schön ist auch ein farbiger Stoff- und Holzuntergrund mit den Kreisvierteln in den vier verschiedenen Farben. In die Mitte kann eine Sonne gelegt oder der Montessori-Globus gestellt werden.

**► Tipp:**

Jahreskette, Kreisviertel aus Fleece und verschiedene Zusatzmaterialien gibt es bei Montessori-Lernwelten. Martin Plackner bietet die Jahreskette in verschiedenen Varianten aus Holz, sowie auch Zusatzmaterialien an.

## Einsatz

Die Kette wird als Kreis auf dem farbigen Untergrund ausgelegt, aber nicht im Uhrzeigersinn, sondern nach Maria Montessori „links herum“, weil sich so die Erde dreht. Regel-

schulen, die sich an Sachkundebüchern orientieren, können die Kette natürlich auch „rechts herum“ auslegen. Auf die farbigen Stoffkreisviertel werden zunächst die Karten mit den Namen für die Jahreszeiten gelegt. Ihnen wird jeweils die entsprechende Abbildung eines Baumes während der vier Jahreszeiten zugeordnet. Außen an die Kette werden anschließend die Karten mit den Monatsnamen angelegt. Zu jedem Monat gibt es ein weiteres Kärtchen mit einer Erläuterung zum Monatsnamen. Außerdem können verschiedene Pfeile zum Anlegen angeboten werden, z. B. Anfang der Jahreszeiten, Feiertage. Diese Pfeile können individuell ergänzt werden.
Folgender Arbeitsauftrag kann zusätzlich an die Kinder gegeben werden:
Die Kinder sollen während eines Jahres Tiere und Pflanzen beobachten. Als Beispiele gibt es hier Bilder vom Apfelbaum im Wandel der Jahreszeiten sowie von der Tulpe und dem Igel. Natürlich können individuelle und aktuelle Unterrichtsthemen ergänzt oder passende Gedichte angeboten werden.
Zu den kirchlichen Feiertagen gibt es eine Kopiervorlage sowie Symbolkärtchen, die farbig gestaltet und dann zu den Pfeilen gelegt werden können.

## Herstellung

Die Farbeinteilung für die Jahreszeiten sollte auch bei den Begleitmaterialien (Erläuterung der Monatsnamen, Igel, Tulpe, Apfelbaum) berücksichtigt werden, d. h. alle Texte, die den Frühling betreffen, werden auf grünen Tonkarton, die den Sommer betreffen, auf gelben Tonkarton, die den Herbst betreffen, auf roten Tonkarton und die den Winter betreffen, auf blauen Tonkarton geklebt.
Bei den Symbolen zu den Festen im Jahreskreis muss jeweils der Rand in der entsprechenden liturgischen Farbe koloriert werden (violett: Advent, Aschermittwoch, Fastenzeit; weiß: Weihnachten, Heilige Drei Könige bzw. Erscheinungsfest, Gründonnerstag, Ostern, Christi Himmelfahrt, Fronleichnam, Allerheiligen; rot: Palmsonntag, Karfreitag, Pfingsten; grün: Entedankfest, Sonntage im Jahreskreis, Christkönigsfest). Es wurden die wichtigsten christlichen Feste berücksichtigt. Bei den Kopiervorlagen für die Kinder gibt es jeweils eine katholische und eine evangelische Variante. Auch die Texte zu den Festen können auf die entsprechende liturgische Farbe oder aber auf goldenen Karton geklebt werden. Die Bedeutung der liturgischen Farben sollte kurz erläutert werden.

**► Tipp:**
Beim Kuratorium „Baum des Jahres“ unter www.baum-des-jahres.de gibt es viele andere Bäume als Bildmaterial und weitere Informationen über heimische Bäume.

**Kopiervorlagen:**

- Wortkarten: Monatsnamen im Frühling/Sommer/Herbst/Winter (S. 23–26). Bei den Wortkärtchen zum Herbst gibt es im Englischen zwei Varianten: fall und automn.
- Textkarten: Herkunftsbedeutung der Monatsnamen (S. 27–29)
- Textkarten: Der Igel im Jahreskreis (S. 30–32)
- Bildkarten: Der Igel im Jahreskreis (S. 33–35)
- Textkarten: Der Apfelbaum im Jahreskreis (S. 36)
- Bildkarten: Der Apfelbaum im Jahreskreis (S. 37)
- Textkarten: Die Tulpe im Jahreskreis (S. 38–40)
- Arbeitsblatt: Die Tulpe im Jahreskreis (S. 41)
- Textkarten: Feste im Jahreskreis (S. 42–45)
- Arbeitsblatt: Die Jahreskette (S. 46)
- Pfeilkarten: Festtage zur Jahreskette (S. 47)
- Arbeitsblatt: Der Jahreskreis im Kirchenjahr – katholische Variante (S. 48/49)
- Arbeitsblatt: Der Jahreskreis im Kirchenjahr – evangelische Variante (S. 50/51)
- Symbolkarten: Der Jahreskreis im Kirchenjahr (S. 52)

# Lebenskette

## Schwerpunkt

Mit der Lebenskette können die Kinder wichtige Stationen und Ereignisse ihres eigenen Lebens nachvollziehen. Eine sinnvolle Ergänzung zu den Textkarten und Pfeilen sind persönliche Fotos oder auch Gegenstände der Kinder.

## Beschreibung

Für den Grundschulbereich sollte die Kette einen Zeitraum von zehn bis zwölf Jahren präsentieren. Für jedes Lebensjahr werden 11 kleinere Holzkugeln sowie eine größere Holzkugel für jedes vollendete Lebensjahr aufgezogen. Zu der Kette gibt es entsprechende Ereigniskarten in Pfeilform. Die Ereigniskarten können nach individuellen Bedürfnissen erweitert werden.

## Einsatz

Die Kette beginnt immer mit der Geburt. Wenn die Kinder eigene Fotos mitgebracht haben, können sie zusätzlich zu jedem Foto einen kleinen Text schreiben und so ein Büchlein über ihr bisheriges Leben anfertigen, das dann bei den Geburtstagsfeiern zum Einsatz kommen kann.

**► Tipp:**
Fertige Ketten sind bei Montessori-Lernwelten sowie auch bei Pruefl erhältlich.

## Variante

Lebenskette zu berühmten Personen:

Beschreibung:

Diese Kette umfasst einen Zeitraum von 200 Jahren. Die Kette besteht aus drei dicken Kugeln für die Jahrhunderte. Für jedes Jahr gibt es eine Kugel, für jedes 10. Jahr eine etwas größere Kugel, für jedes 100. Jahr eine dicke Kugel. Die Kette beginnt mit einer dicken Kugel und endet mit einer dicken Kugel jeweils für ein Jahrhundert. Zu dieser Kette können Legematerialien zur verschiedenen Persönlichkeiten individuell erstellt werden.

## Kopiervorlagen

Exemplarisch gibt es bei den Kopiervorlagen Pfeile mit den Jahreszahlen und Daten sowie Ereigniskarten zum Leben Maria Montessoris.

# 10 000-Jahre-Kette: Die Epochen unserer Geschichte

### Schwerpunkt

Die Kette vergegenwärtigt den Kindern chronologisch die Epochen unserer Geschichte.

### Beschreibung

Die 10 000-Jahre-Kette besteht tatsächlich aus 10 000 Kugeln. Hierzu werden die kleinsten im Handel erhältlichen Kugeln benötigt. Jede 10. Kugel ist etwas größer (z. B. Durchmesser 4 mm), jede 100. wieder etwas größer (z. B. 6 mm) und jede 1 000. Kugel nochmals etwas größer (8 bis 10 mm). Die Ketten sollten als zehn 1 000er-Ketten aufgezogen und mit kleinen Karabinerhaken verbunden werden. So kann man bei Bedarf auch einen kürzeren Zeitraum auslegen. Der Beginn unserer Zeitrechnung, die Geburt Jesu, wird mit einer besonderen Kugel (z. B. goldfarben) hervorgehoben.

### Einsatz

Zunächst werden die Pfeile mit den allgemeinen Zeitangaben (z. B. Geburt Jesu/Beginn unserer Zeitrechnung), 100, 200 … 2 000 Jahre nach Christus und 100, 200 … 8 000 Jahre vor Christus angelegt. Hinzu kommen Pfeile mit Zeitangaben, wie z. B. 5 000 vor Christus, Ende der Altsteinzeit, Beginn der Jungsteinzeit. Zu den Pfeilen mit den geschichtlichen Epochen werden die entsprechenden Texte in Verbindung mit einer oder mehreren Abbildungen oder Gegenständen ausgelegt. Zusätzlich können z. B. Pfeile mit wichtigen Erfindungen ausgelegt werden.
Die Kette kann auch im Bereich Religion genutzt werden. Bei den Kopiervorlagen finden Sie entsprechende Pfeile und Texte.

### Herstellung

Die Kette wird wie oben beschrieben hergestellt. Pfeile und Textkarten kopiert. Zusätzlich sollte entsprechendes Bildmaterial (z. B. aus alten Schulbüchern oder dem Internet) bereitgestellt werden. Falls vorhanden, können auch entsprechende Gegenstände (z. B. aus Museumshops) angeboten werden.

### Kopiervorlagen

Pfeilkarten zur 10 000-Jahre-Kette (S. 53),
Textkarten zur 10 000-Jahre-Kette (S. 54 – 56)

# Kette der Menschheitsgeschichte

## Schwerpunkt

Die Kette der Menschheitsgeschichte dient als Verbindung zwischen der 10 000-Jahre-Kette und der Urzeitkette bzw. Evolutionsleiste. Dabei kann man sich auch „nur" auf 2 300 000 Jahre (die letzten zwei Kugeln der Urzeitkette) beschränken. Durch die Arbeit mit Urzeitkette und/oder der Evolutionsleiste erfahren die Kinder, dass sich der Mensch erst am Ende der Evolution entwickelt hat. Anhand dieser Kette kann die Entwicklung des Menschen nachvollzogen werden: Seit wann konnte der Mensch Waffen herstellen, größere Tiere töten, hat er das Feuer entdeckt?

## Beschreibung

Für die Kette benötigt man eine Kugel mit 12 mm Durchmesser für jeweils 10 000 Jahre, jede 10. Kugel, also alle 100 000 Jahre, sollte 20 mm Durchmesser haben und die Kugeln für 1 000 000 und 2 000 000 Jahre sollte nochmals größer im Durchmesser sein.

## Einsatz

Die Kette wird ausgelegt und mit Zeit-Pfeilen und ggf. mit Ereigniskarten versehen. Falls vorhanden, können z. B. kleine Figuren zur Veranschaulichung hinzugestellt werden.

## Herstellung

Die Kette mit den entsprechenden Holzkugeln aufziehen und Textkarten herstellen. Auch diese Kette kann mit Materialien aus entsprechenden Museen (Museumsshops) ergänzt werden.

**► Tipp:**
Bei BEL-Montessori gibt es eine Kette, die die letzten fünf Millionen Jahre der Menschheitsgeschichte darstellt und umfangreches Legematerial beinhaltet. Hier gibt es auch die Figuren. Bei Bullyland sind die ursprünglichen Figuren leider nicht mehr erhältlich. Im montessori-download kann man diese aber als Abbildungen downloaden.

# Urzeitkette

### Schwerpunkt

Die Urzeitkette umfasst die Zeit vom Ende des Perm bis zum Quartär in der Evolutionsgeschichte.

### Beschreibung

Für 1 Million Jahre wird eine Kugel mit ca. 35 mm Durchmesser aufgezogen. Jede 10. Kugel hat einen größeren Durchmesser (ca. 50 mm). Als Abstandshalter wird für jedes Erdzeitalter eine farbige Kugel (ca. 12 mm Durchmesser) aufgezogen. Es kann alternativ auch eine farbige Kordel mit Abstandsknoten verwendet werden.

### Einsatz

Die Kinder legen die Kette aus. Dazu brauchen sie viel Platz und müssen z. B. auf einen Flur gehen. Die Kette lässt sich vielfältig ergänzen: So ist es z. B. möglich, Pfeile für die einzelnen Erdzeitalter und entsprechende Wortkarten anzulegen. Im Anschluss daran könnten noch Tier- und Pflanzenkarten mit den entsprechenden Pfeilen zugeordnet werden. Zusätzlich könnte man auch – falls vorhanden – Gegenstände wie Fossilien oder Kunststoffmodelle anlegen.

### Herstellung

Die Kette wird, wie oben beschrieben, hergestellt. Ggf. werden auch Wort- und Textkarten angefertigt.

**► Tipp:**
Zusatzmaterial ist u. a. erhältlich bei ws-montessori (siehe Bezugsquellen, S. 57). Eine fertige Kette zu den Erdzeitaltern gibt es bei Montessori-Lernwelten.
Sehr gutes Material hierzu gibt es auch im montessori-download.

# Zeitleiste zur Evolutionsgeschichte

### Schwerpunkt

Die Entwicklung des Lebens auf der Erde ist eines der zentralen Themen der Montessori-Grundschularbeit. Die Idee stammt von Maria und Mario Montessori in den 40-Jahren in Indien und wurde seither immer weiter entwickelt. Die hier abgebildete Leiste wurde vor 16 Jahren von der Montessori-Vereinigung Aachen entwickelt und ist in dieser Form leider nicht mehr erhältlich. Es gibt sie aber in einer leicht abgewandelten Variante bei BEL-Montessori.

### Beschreibung

Das Material besteht aus einem Aufhänge-Banner aus stabiler Plane mit Ösen an der Oberseite in einem Format von 230 x 75 cm, einem weiteren Banner als Unterlage für die Bild- und Textkarten im selben Format sowie 133 Bild- und 15 Textkarten zu den Erdzeitaltern sowie einem Begleitbuch.

### Herstellung

Die Bild- und Textkarten werden auf sieben A3-Kunststoffbögen geliefert und müssen noch ausgeschnitten werden.

**► Tipp:**
Die abgebildete Leiste gibt es bei BEL-Montessori. Eine andere Variante, die es früher bei moka gab, gibt es bei Martin Plackner.

### Schwarzes Band

**Beschreibung:**

Vor der Arbeit mit der Zeitleiste kann nach der Erzählung zur Entstehung der Erde mit dem Schwarzen Band gearbeitet werden, das fast 50 m lang ist und die gesamte Evolutionsgeschichte repräsentiert. 1 cm des Stoffes entspricht einer Million Jahre. Die letzten 3 cm sind rot, das ist die Zeit vom Kommen des Menschen. Während der Erzählung können Abbildungen oder auch Tiere auf das Band gestellt werden.

**► Tipp:**
Das schwarze Band ist bei Nienhuis Montessori ( Band und Lesebuch mit Tieren) und auch bei Montessori-Lernwelten (Band mit Begleitbuch) erhältlich. Hier gibt es auch eine kleinere Variante, die aber nicht so eindrucksvoll ist.

## Kopiervorlage zur Tageskette (S. 5)

## Uhrzeitenpfeile

1 Uhr

2 Uhr

3 Uhr

4 Uhr

5 Uhr

6 Uhr

7 Uhr

8 Uhr

9 Uhr

10 Uhr

11 Uhr

12 Uhr

13 Uhr

14 Uhr

15 Uhr

16 Uhr

17 Uhr

18 Uhr

19 Uhr

20 Uhr

21 Uhr

22 Uhr

23 Uhr

24 Uhr

## Kopiervorlage zur Tageskette (S. 5)

# Ereigniskarten

| Ich schlafe. | Ich schlafe. | Wir haben Frühstückspause. |
|---|---|---|
| Ich schlafe. | Ich schlafe. | Wir haben Hofpause. |
| Ich schlafe. | Ich schlafe. | Die Schule ist aus. Ich gehe nach Hause. |
| Ich schlafe. | Ich schlafe. | Ich esse zu Mittag. |
| Ich schlafe. | Ich stehe auf, wasche mich, putze mir die Zähne und ziehe mich an. | Ich mache meine Hausaufgaben. |
| Ich schlafe. | Ich frühstücke. | Ich spiele. |
| Ich schlafe. | Ich gehe in die Schule. | Ich spiele. |
| Ich schlafe. | Wir haben Freiarbeit. | Ich spiele. |
| Ich schlafe. | Wir schreiben, rechnen und lesen. | Ich gehe zum Sport. |
| Ich schlafe. | Wir turnen. | Ich gehe zur Musikschule. |
| Ich schlafe. | Ich darf fernsehen. | Ich esse Abendbrot. |

Kopiervorlage zur Uhrzeitenkette (S. 6)

# Scheibe mit Zeigern, Plättchen mit Uhrzeiten

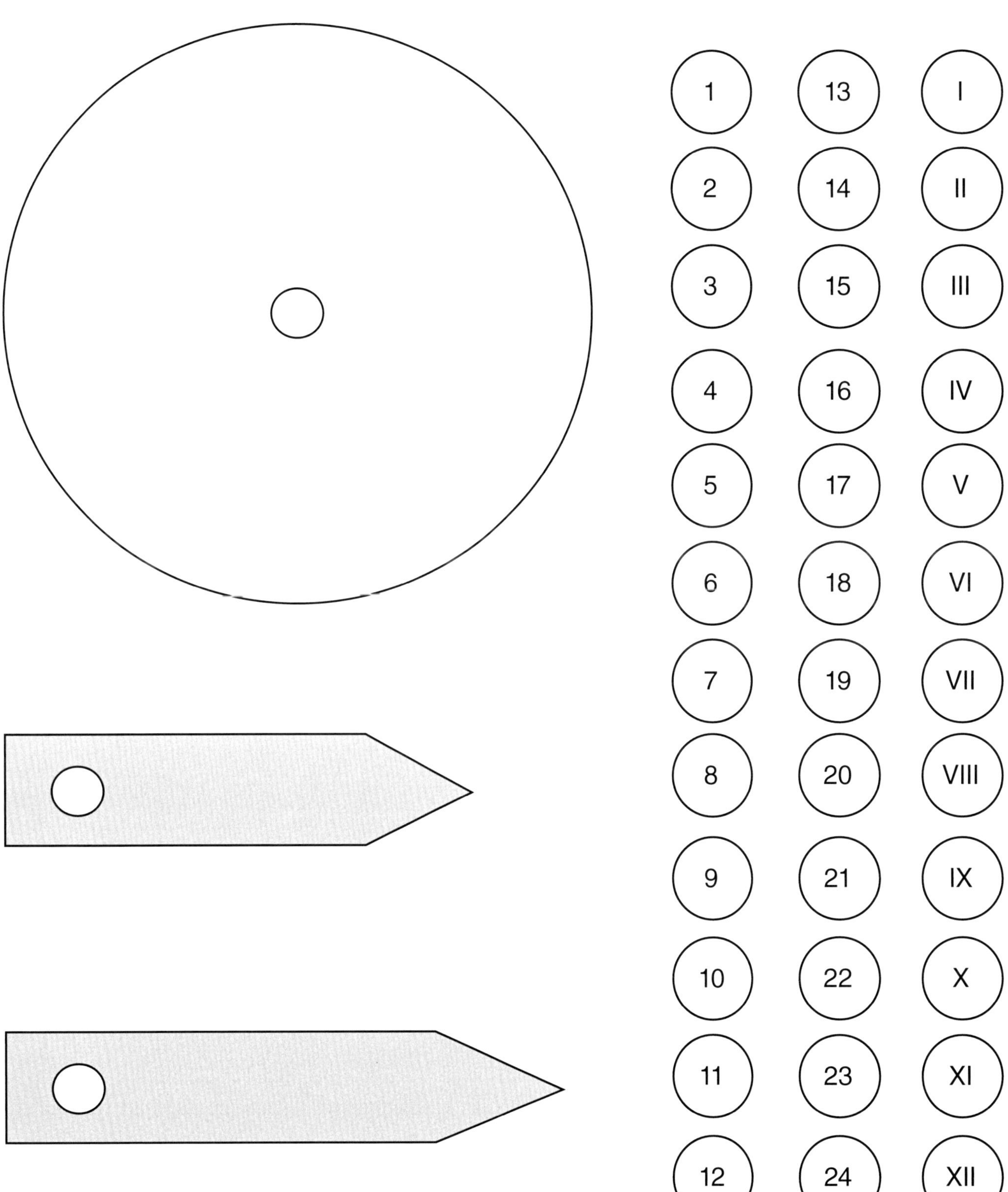

## Kopiervorlage zur Wochenkette (S. 9)

### Wortkarten: Wochentage
(Deutsch / Englisch / Französisch)

| | | |
|---|---|---|
| Sonntag | Sunday | Dimanche |
| Montag | Monday | Lundi |
| Dienstag | Tuesday | Mardi |
| Mittwoch | Wednesday | Mercredi |
| Donnerstag | Thursday | Jeudi |
| Freitag | Friday | Vendredi |
| Samstag | Saturday | Samedi |

**Kopiervorlage zur Wochenkette (S. 9)**

## Wortkarten: Herkunftsbedeutung der Wochentage

| Römische Bedeutung | Germanische Bedeutung |
| --- | --- |
| Sonntag<br>Dies Solis | Sonntag<br>Tag der Sonnengöttin Sunna |
| Montag<br>Dies Lunae | Montag<br>Tag des Mondgottes Mani |
| Dienstag<br>Dies martis<br>(römischer Kriegsgott Mars) | Dienstag<br>Tag des Tiu oder Tyr<br>(germanischer Kriegsgott) |
| Mittwoch<br>Dies Mercuri<br>(römischer Gott des Handels Merkur) | Mittwoch<br>Tag des Wotan<br>(germanischer Gott des Windes) |
| Donnerstag<br>Dies Lovis<br>(Tag des röm. Göttervaters Jupiter) | Donnerstag<br>Tag des Donar<br>(germanischer Wettergott) |
| Freitag<br>Dies Venus<br>(römische Liebesgöttin) | Freitag<br>Tag der Freya<br>(germanische Liebesgöttin) |
| Samstag<br>Dies Saturnus<br>(röm. Gott des Ackerbaus Saturn) | Samstag<br>keine germanische Bedeutung<br>Ableitung von Sabbat |

## Kopiervorlage zur Wochenkette (S. 9)

# Textkarten Wochentage

**Sonntag**

Bis zum Jahr 1976 galt der Sonntag als erster Tag der Woche. Die Römer gaben ihm den Namen ihrer Sonnengöttin. Das haben die Germanen übernommen und gaben ihm den Namen ihrer Sonnengötting Sunna. Daraus ist dann der Name Sonntag entstanden.

**Montag**

Die Römer gaben dem Montag den Namen ihres Mondgottes Lunis (vgl. mit dem französischen Wortkärtchen). Die Germanen glaubten, dass der Mond der Bruder der Sonne wäre und haben dem Montag auch den Namen ihres Mondgottes Mani gegeben, woraus sich dann der Name Montag entwickelte.

**Diens**tag

Der Dienstag erinnert an den römischen Kriegsgott Mars (vgl. auch hierzu wieder das französische Namenskärtchen). Auch die Germanen benannten den Dienstag nach ihrem Kriegsgott, der Tyr oder Tiu hieß. Aus Tyrs- oder Tiustag wurde der Name Dienstag.

**Mittwoch**

Die Römer nannten den Mittwoch nach ihrem Gott Merkur (vgl. wieder das französische Wortkärtchen). Die Germanen benannten ihn nach ihrem Gott Wotan. Der Name wurde in Deutschland von der katholischen Kirche abgeschafft und wurde dann als Tag in der Mitte der Woche Mittwoch genannt.

**Donnerstag**

Die Römer nannten den Tag nach ihrem obersten Gott Jupiter Dies Iovis. Die Germanen gaben dem Tag den Namen nach ihrem Gewitter- und Wettergot Thor. Aus der westgermanischen Variante Donar wurde dann der Donnerstag.

**Freitag**

Die Römer benannten diesen Tag nach ihrer Liebesgöttin Venus. Das übernahmen die Germanen und benannten den Tag nach ihrer Göttin für die Liebe und Schönheit Freya. Das wurde dann unser Freitag.

**Samstag**

Diesen Tag nannten die Römer nach ihrem Gott dies saturnus. Das übernahmen die Germanen aber nicht. Der Name Samstag wurde von dem jüdischen Sabbat abgeleitet.

**Kopiervorlage zur Jahreskette (S. 10/11)**

## Wortkarten: Monatsnamen im Frühling

(Deutsch/Englisch/Französisch)

(Diese Seite auf grünes Papier kopieren!)

| Frühling | spring | printemps |
|---|---|---|
| März | march | mars |
| April | april | avril |
| Mai | may | mai |

## Wortkarten: Monatsnamen im Sommer

(Deutsch / Englisch / Französisch)

(Diese Seite auf gelbes Papier kopieren!)

| Sommer | summer | été |
|---|---|---|
| Juni | june | juin |
| Juli | july | juillet |
| August | august | août |

**Kopiervorlage zur Jahreskette (S. 10/11)**

## Wortkarten: Monatsnamen im Herbst

(Deutsch / Englisch / Französisch)

(Diese Seite auf rotes Papier kopieren!)

| Herbst | fall | automne |
|---|---|---|

| | | |
|---|---|---|
| September | september | septembre |
| Oktober | october | octobre |
| November | november | novembre |

## Kopiervorlage zur Jahreskette (S. 10/11)

# Wortkarten: Monatsnamen im Winter

(Deutsch / Englisch / Französisch)

(Diese Seite auf blaues Papier kopieren!)

| Winter | winter | hiver |
|---|---|---|
| Dezember | december | décembre |
| Januar | january | janvier |
| Februar | february | février |

**Kopiervorlage zur Jahreskette (S. 10/11)**

## Textkarten: Herkunftsbedeutung der Monatsnamen

(Januar/Februar/März/April)

### Januar

Der Januar wurde nach dem altrömischen Gott Janus (Gott des Anfangs) benannt. Er ist der Gott der Tore, des Ein- und Ausgangs. Er hat zwei Gesichter und kann nach vorne und nach hinten blicken.

### Februar

Februar heißt reinigen. Im Römischen Reich wurden in diesem Monat Reinigungs- und Sühneopfer gebracht.

### März

Der März wurde nach dem römischen Kriegsgott Mars benannt. Jetzt beginnt der Frühling.

### April

Das Wort April kommt aus der lateinischen Sprache. Aperire heißt öffnen.

**Kopiervorlage zur Jahreskette (S. 10/11)**

## Textkarten: Herkunftsbedeutung der Monatsnamen

(Mai/Juni/Juli/August)

**Mai**

Der Name geht auf den Gott Jupiter Maius zurück. Er wurde als Beschützer des Wachstums verehrt.

**Juni**

Der Juni hat seinen Namen von der römischen Göttin Juno. Sie war die Beschützerin des Lichtes und der Ehe. Nun beginnt der Sommer.

**Juli**

Der Juli wurde nach dem römischen Staatsmann Gaius Julius Cäsar benannt.

**August**

Auch der August hat seinen Namen von einem römischen Kaiser, nämlich Kaiser Augustus.

## Kopiervorlage zur Jahreskette (S. 10/11)

# Textkarten: Herkunftsbedeutung der Monatsnamen

(September/Oktober/November/Dezember)

### September

Der Name September hat keine besondere Bedeutung. Er kommt von dem lateinischen Wort septem, das bedeutet sieben. Im römischen Kalender war der September der siebte Monat. Nun beginnt der Herbst.

### Oktober

Oktober kommt von dem lateinischen Wort octo, das heißt acht. Im römischen Kalender war er der achte Monat.

### November

Auch November kommt von einem lateinischen Zahlwort, nämlich novem, was neun bedeutet. Im römischen Kalender war er der neunte Monat.

### Dezember

Der Dezember war im römischen Kalender der zehnte Monat und wurde nach dem lateinischen Zahlwort decem benannt, das bedeutet zehn. Daher kommt auch der Begriff Dezimalsystem. Jetzt beginnt der Winter.

**Kopiervorlage zur Jahreskette (S. 10/11)**

## Textkarten: Der Igel im Jahreskreis

(Januar/Februar/März/April)

**Januar**

Der Igel hält immer noch Winterschlaf.

**Februar**

Der Igel hält immer noch Winterschlaf.

**März**

Der Igel wird wach. Er ist ziemlich abgemagert und muss ganz schnell sehr viel fressen. Gemüse mag er nicht. Gerne frisst er Käfer, Regenwürmer, Schnecken und Insekten.

**April**

Weil der Igel sich gerne unter großen Holzhaufen aufhält, sind die bei den Menschen so beliebten Osterfeuer für ihn sehr gefährlich.

## Kopiervorlage zur Jahreskette (S. 10/11)

# Textkarten: Der Igel im Jahreskreis

(Mai/Juni/Juli/August)

### Mai

Am Tag schläft der Igel, aber abends ist er wach und sehr hungrig. Er geht nachts auf Nahrungssuche. Darum ist es auch nicht so schlimm, dass er nicht so gut sehen kann. Dafür kann er sehr gut riechen. Das hilft ihm bei der Nahrungssuche.

### Juni

Damit kleine Igel geboren werden können, müssen sich Igelfrau und Igelmann treffen. Das Weibchen prüft das Männchen ganz genau. Das Männchen gibt sich sehr viel Mühe, um dem Weibchen zu gefallen.

### Juli

Igelmann und Igelfrau führen ein richtiges Tänzchen vor der Paarung auf. Nach etwa 35 Tagen werden sie Junge bekommen.

### August

Das Igelweibchen bekommt 4 bis 7 Junge. Erst sind ihre Augen und Ohren geschlossen und sie haben nur wenige Stacheln. Aber es werden sehr schnell mehr.

**Kopiervorlage zur Jahreskette (S. 10/11)**

# Textkarten: Der Igel im Jahreskreis

(September/Oktober/November/Dezember)

## September

Die kleinen Igel haben nur eine ganz kurze Kinderzeit. Schon nach 6 Wochen müssen sie für sich selbst sorgen.

## Oktober

Igel müssen sehr viel fressen, um sich ein gutes Fettpolster für den Winter zuzulegen. Nur damit können sie den langen Winterschlaf überleben.

## November

Spätestens im November sucht sich der Igel ein geschütztes Plätzchen für den Winterschlaf.
Seine Körpertemperatur sinkt jetzt auf 4 Grad ab. Dadurch verbraucht er nur wenig Energie und sein Fettpolster reicht bis zum Frühjahr.

## Dezember

Der Igel hält Winterschlaf.

## Kopiervorlage zur Jahreskette (S. 10/11)

# Bildkarten: Der Igel im Jahreskreis

(Januar/Februar/März/April)

Kopiervorlage zur Jahreskette (S. 10/11)

# Bildkarten: Der Igel im Jahreskreis

(Mai / Juni / Juli / August)

Juni

August

Mai

Juli

## Kopiervorlage zur Jahreskette (S. 10/11)

# Bildkarten: Der Igel im Jahreskreis
(September / Oktober / November / Dezember)

**Oktober**

**Dezember**

**September**

**November**

## Kopiervorlage zur Jahreskette (S. 10/11)

# Textkarten: Der Apfelbaum im Jahreskreis

(Frühling/Sommer/Herbst/Winter)

### Der Apfelbaum im Frühling

Ende April bis Anfang Mai brechen die Knospen an den Zweigen des Apfelbaumes auf. Der Apfelbaum beginnt zu blühen. Die Blüten sind weiß bis zartrosa. Jetzt kommen die Bienen und Hummeln, um die Blüten zu bestäuben. Sie holen aus den Blüten den Nektar, um sich selbst damit zu ernähren. Dabei bleibt der Blütenstaub an ihren Beinchen hängen. Wenn sie zur nächsten Blüte fliegen, verbindet sich der Blütenstaub an den Beinchen mit dem Blütenstaub der anderen Blüte. Diesen Vorgang nennt man Befruchtung. Nur so kann ein Apfel entstehen.

### Der Apfelbaum im Sommer

Der Wind hat die Blütenblätter weggeblasen. Aus dem Blütenstiel wachsen jetzt die Kelchblätter heran und biegen sich nach außen. Danach entwickelt sich der Fruchtknoten, aus dem kleine, grüne Äpfelchen entstehen, die noch sehr hart sind. Aber sie werden bald größer und um ihr Kerngehäuse wächst das Fruchtfleisch. Im Fruchtfleisch ist sehr viel Wasser, aber auch Fruchtzucker und viele Vitamine.

### Der Apfelbaum im Herbst

Ende September bis Anfang Oktober sind die meisten Apfelsorten reif. Jetzt können sie geerntet werden. Nach der Ernte verfärben sich die Blätter des Apfelbaumes. Jetzt leuchten sie rot und gelb. Im Spätherbst werden sie trocken und fallen ab.

### Der Apfelbaum im Winter

Wir merken es nicht, aber im Winter bereitet sich der Apfelbaum bereits auf den Frühling vor. Obwohl er von Eis und Schnee bedeckt ist, befinden sich darunter kleine Knospen. Diese haben sich schon im frühen Sommer gebildet. Und an den Stellen, an denen im Herbst ein Blatt abgefallen ist, wachsen nun neue Knospen heran. Wenn die ersten warmen Sonnenstrahlen Eis und Schnee vertreiben, kommen die kleinen, weiß behaarten Knospen in ihrer braunen Hülle zum Vorschein.

Monika Roller: Kinder begreifen die Zeit · Best.-Nr. 334

## Kopiervorlage zur Jahreskette (S. 10/11)

# Bildkarten: Der Apfelbaum im Jahreskreis

(Frühling/Sommer/Herbst/Winter)

**Der Apfelbaum im Frühling**

**Der Apfelbaum im Sommer**

**Der Apfelbaum im Herbst**

**Der Apfelbaum im Winter**

Kopiervorlage zur Jahreskette (S. 10/11)

# Textkarten: Die Tulpe im Jahreskreis

(Januar/Februar/März/April)

**Januar**

Die Tulpenzwiebel ruht in der Erde.

**Februar**

Noch unter der Erde versteckt kommt ein kleiner Keim aus der Tulpenzwiebel.

**März**

Der grüne Keim kommt aus der Erde hervor.

**April**

Aus dem grünen Keim ist eine schöne Tulpe geworden. Sie blüht.

## Kopiervorlage zur Jahreskette (S. 10/11)

# Textkarten: Die Tulpe im Jahreskreis

(Mai/Juni/Juli/August)

**Mai**

Die Tulpe ist verblüht.
Die Blütenblätter fallen ab. Die Zwiebel beginnt sich zu teilen.

**Juni**

Alle Blütenblätter sind abgefallen.
Nun kann man ganz deutlich den Stempel erkennen, in dem sich die Samenkörner befinden.

**Juli**

Die Samenkörner fallen auf die Erde.

**August**

Die Tochterzwiebel löst sich von der Mutterzwiebel.

## Kopiervorlage zur Jahreskette (S. 10/11)

# Textkarten: Die Tulpe im Jahreskreis

(September/Oktober/November/Dezember)

**September**

Aus der Tochterzwiebel ist eine eigenständige, große Zwiebel entstanden.

**Oktober**

Die Tulpenzwiebel ruht in der Erde.

**November**

Die Tulpenzwiebel ruht in der Erde.

**Dezember**

Die Tulpenzwiebel ruht in der Erde.

**Kopiervorlage zur Jahreskette (S. 10/11)**

# Arbeitsblatt: Die Tulpe im Jahreskreis

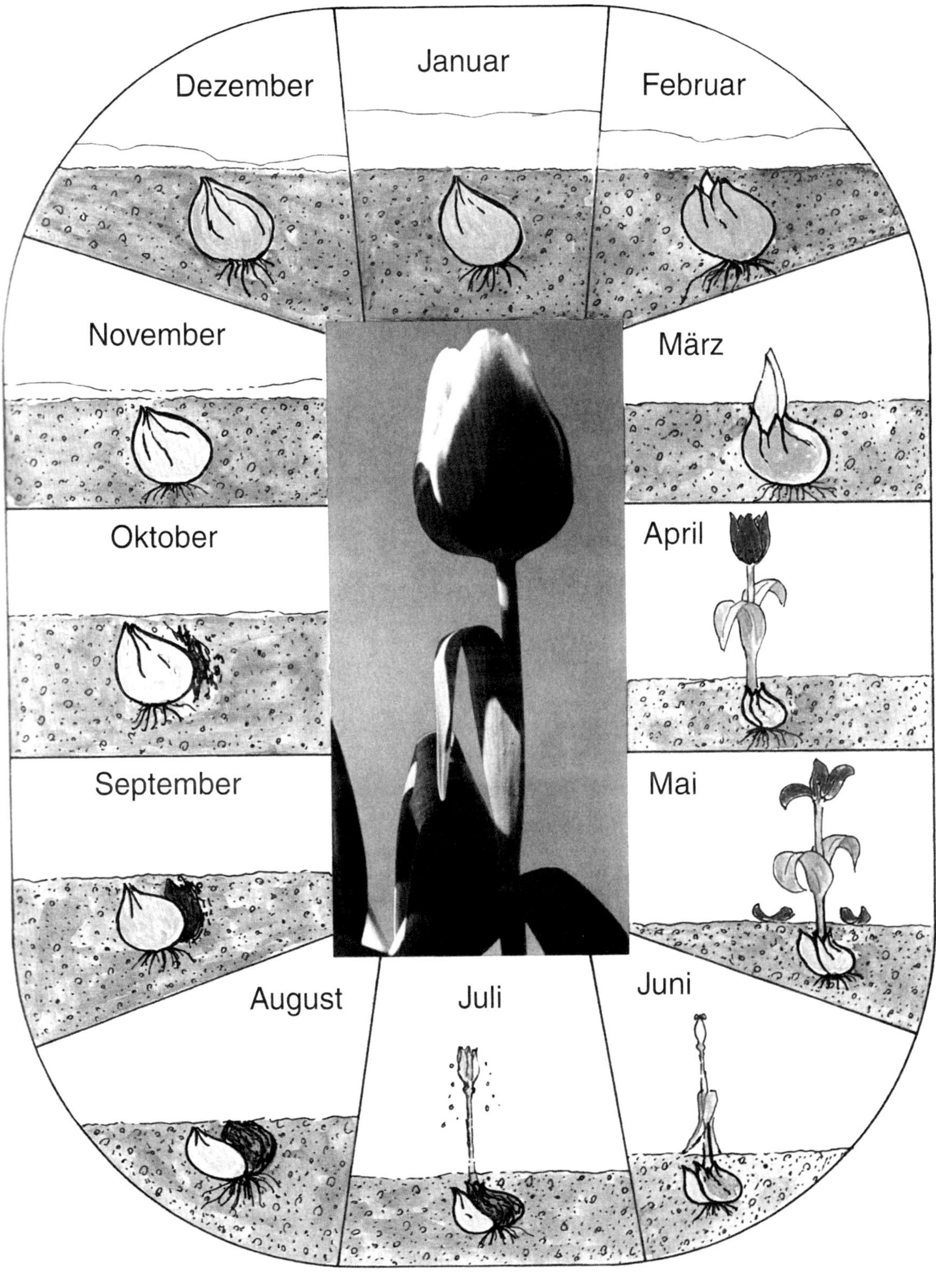


Schreibe einen kurzen Bericht über den Jahreslauf der Tulpe! Beginne im September!
Schneide im Februar eine Tulpenzwiebel durch. Zeichne sie!
Schneide im Juli eine Tulpenzwiebel durch.
Zeichne und vergleiche!

Kopiervorlage zur Jahreskette (S. 10/11)

# Textkarten: Feste im Jahreskreis

## Advent

Im Advent feiern wir die Erwartung auf die „Ankunft“, also die Geburt Jesu. Mit dem ersten der vier Adventssonntage beginnt auch das neue Kirchenjahr.

## Allerheiligen

Allerheiligen ist ein katholisches Fest zu Ehren aller Heiligen. Auf den Friedhöfen werden die Gräber mit Blumen und Windlichtern geschmückt.

## Aschermittwoch

Am Aschermittwoch beginnt die Fastenzeit. Die katholischen Christen bekommen in der Kirche ein Aschekreuz auf die Stirn.

## Buß- und Bettag

Der Buß- und Bettag ist ein evangelischer Feiertag, an dem die Gemeinden sich vor Gott als Christen bekennen. Es ist der Mittwoch vor dem letzten Sonntag im Kirchenjahr.

# Textkarten: Feste im Jahreskreis



## Christi Himmelfahrt

Christi Himmelfahrt feiern die Christen, weil Jesus nach seiner Auferstehung zu Gott in den Himmel aufgestiegen ist. Es wird immer 40 Tage nach Ostern gefeiert.

## Erntedankfest

Am Erntedankfest danken die Christen Gott für alle Gaben.
Die Kirchen werden mit Obst und Gemüse geschmückt. Es wird immer am 1. Sonntag im Oktober, also nach dem Einbringen der Ernte gefeiert.

## Erscheinungsfest oder Epiphanias

Erscheinungsfest oder Epiphanias ist der ursprüngliche Name für das Fest am 6. Januar und wird heute in der evangelischen Kirche auch noch so bezeichnet. An diesem Tag wird ursprünglich der Taufe Jesu im Jordan gedacht. In der evangelischen Kirche werden die drei Könige nicht gefeiert, weil die Heiligenverehrung abgelehnt wird.

## Fronleichnam

Fronleichnam ist das höchste katholische Fest, bei dem der in der geweihten Hostie anwesende Leib Christi gefeiert wird. Dieser wird in einer Monstranz bei einer Prozession vorangetragen. Die Straßen werden mit gestreuten Blumen, in manchen Regionen auch mit Blumenteppichen geschmückt.

# Textkarten: Feste im Jahreskreis

## Gründonnerstag

Gründonnerstag ist der Donnerstag vor Karfreitag. An diesem Tag denken die Christen besonders an das letzte Abendmahl Jesu mit seinen Jüngern.

## Karfreitag

Karfreitag ist der Freitag vor Ostern. Die Christen denken an den Tod Jesu. In der evangelischen Kirche ist dies der höchste Feiertag.

## Heilige Drei Könige

Bis ins 4. Jahrhundert wurde am 6. Januar die Geburt Jesu gefeiert. In einigen Ländern ist das auch heute noch so. Später wurde es das Fest der Heiligen Drei Könige.

## Ostern

An Ostern feiern die Christen die Auferstehung Jesu. Ostern wird immer am Sonntag nach dem Karfreitag gefeiert.

## Kopiervorlage zur Jahreskette (S. 10/11)

# Textkarten: Feste im Jahreskreis

### Palmsonntag

Palmsonntag ist der Sonntag vor Ostern. Die Christen denken an den Einzug Jesu in Jerusalem. Wie ein König wurde er empfangen.

### Pfingsten

Pfingsten feiern die Christen 50 Tage nach Ostern, zur Erinnerung an den Tag, an dem Jünger Jesu den „Heiligen Geist“ empfangen haben. Seit diesem Tag haben sie die Botschaft von Jesus in alle Welt gebracht.

### Reformationstag

Der Reformationstag ist ein evangelisches Fest, an dem die evangelischen Christen sich daran erinnern, dass Martin Luther 1517 seine Thesen an die Schlosskirche zu Wittenberg geschlagen hat.

### Weihnachten

An Weihnachten feiern die Christen die Geburt Jesu. Es beginnt mit dem Heiligen Abend am 24. Dezember.

## Kopiervorlage zur Jahreskette (S. 10/11)

## Pfeilkarten: Festtage zur Jahreskette

## Textkarten: Fest im Jahreskreis

# Ewigkeitssonntag oder Totensonntag

Dies ist der Sonntag, an dem die evangelischen Christen ihrer Toten gedenken. Er wird am letzten Sonntag im Kirchenjahr, also an dem Sonntag vor dem 1. Advent begangen.

**Ewigkeitssonntag**

**Advent am .........**

**Reformationsfest 31. Oktober**

**Weihnachten 25./26. Dezember**

**Heiligabend 24. Dezember**

**Heilige Drei Könige Erscheinungsfest**

**Karfreitag am .........**

**Ostern am .........**

**Allerheiligen 1. November**

**Gründonnerstag am .........**

**Pfingsten am .........**

**Erntedankfest am .........**

**Aschermittwoch am .........**

**Palmsonntag am .........**

**Buß- und Bettag am .........**

**Christi Himmelfahrt am .........**

**Fronleichnam am .........**

**Kopiervorlage zur Jahreskette (S. 10/11)**

# Arbeitsblatt: Die Jahreskette

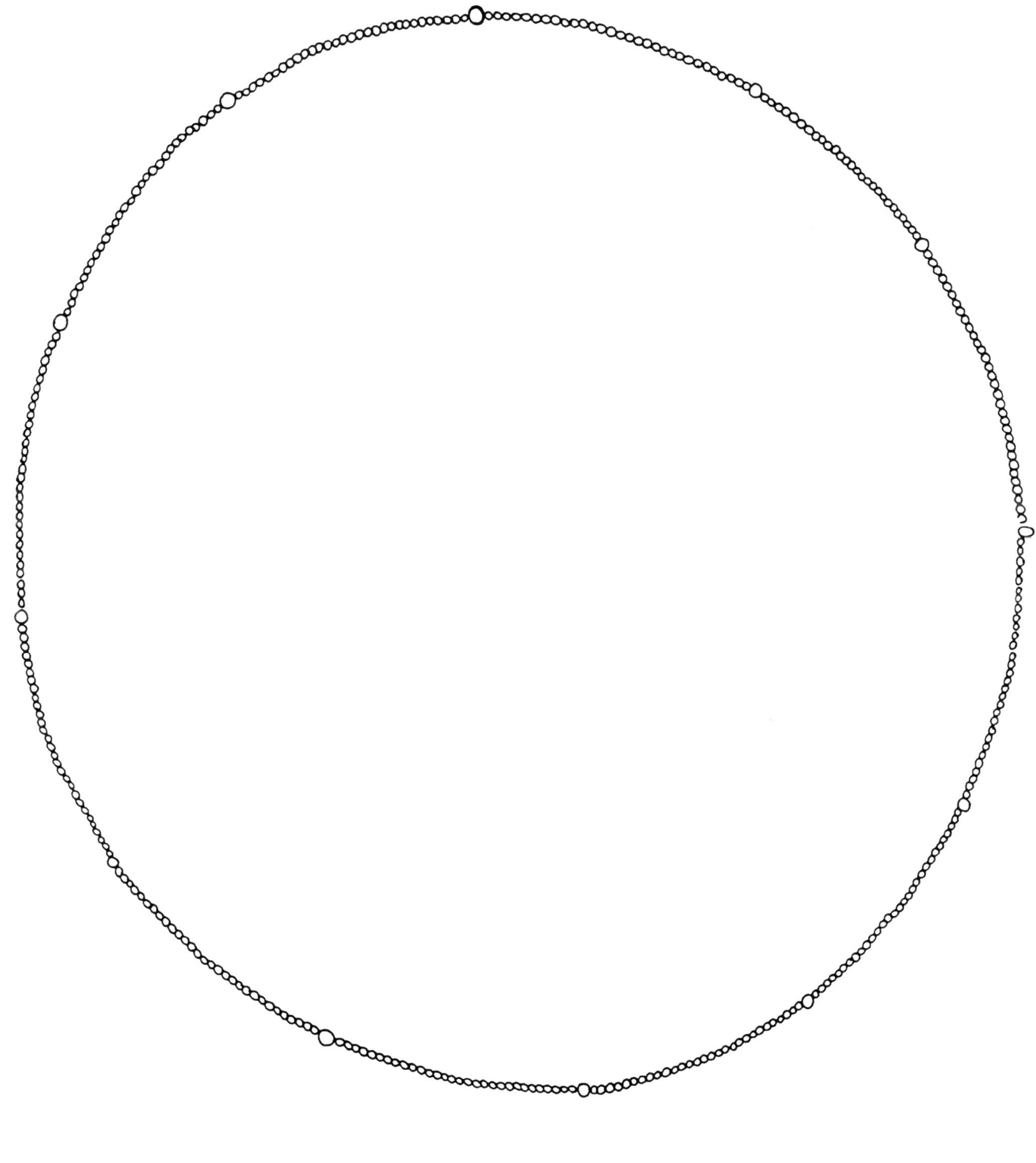

# Arbeitsblatt: Der Jahreskreis im Kirchenjahr – katholische Variante (Zuordnungsspiel, Teil 1)

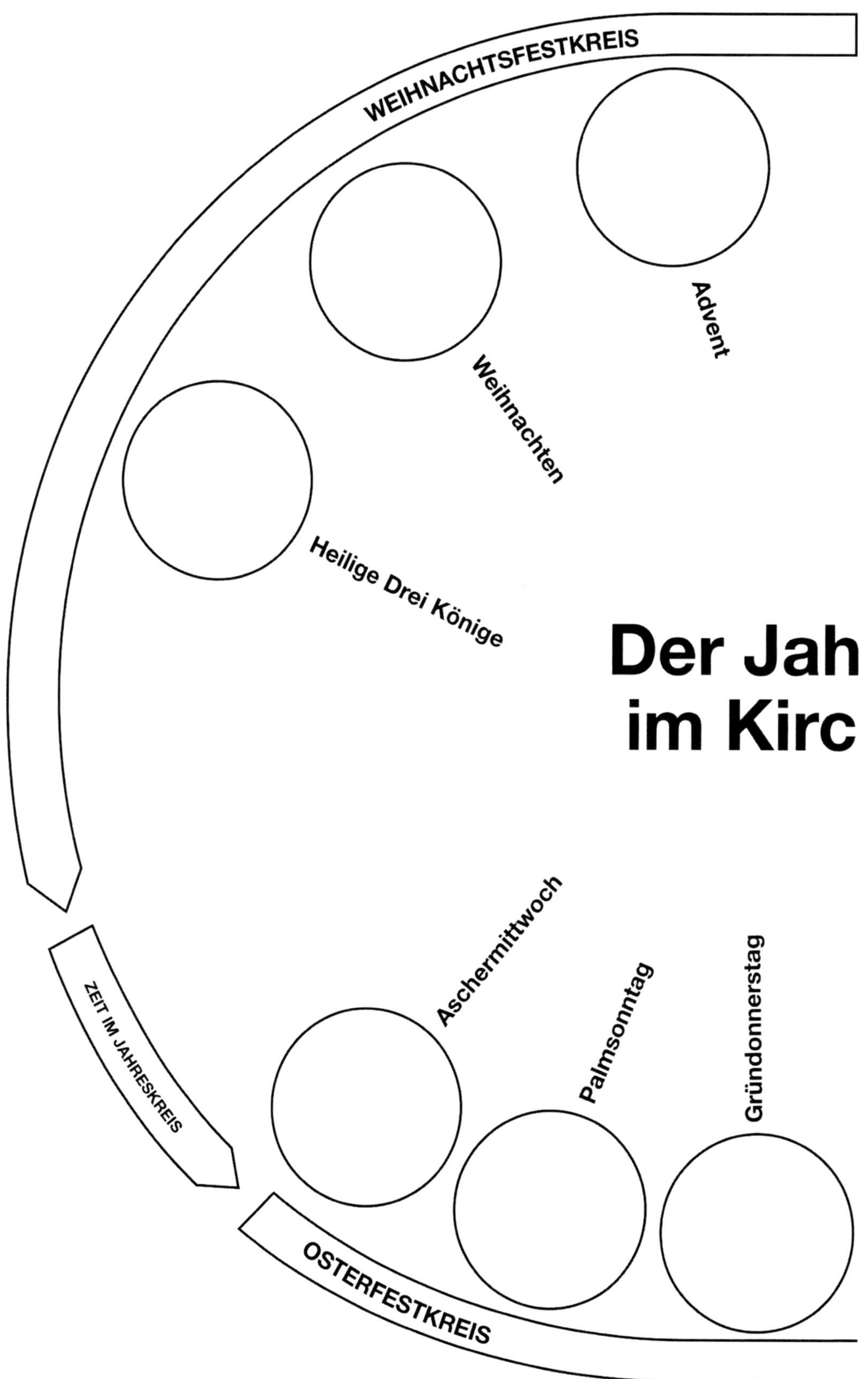

**Kopiervorlage zur Jahreskette (S. 10/11)**

## Arbeitsblatt: Der Jahreskreis im Kirchenjahr – katholische Variante (Zuordnungsspiel, Teil 2)

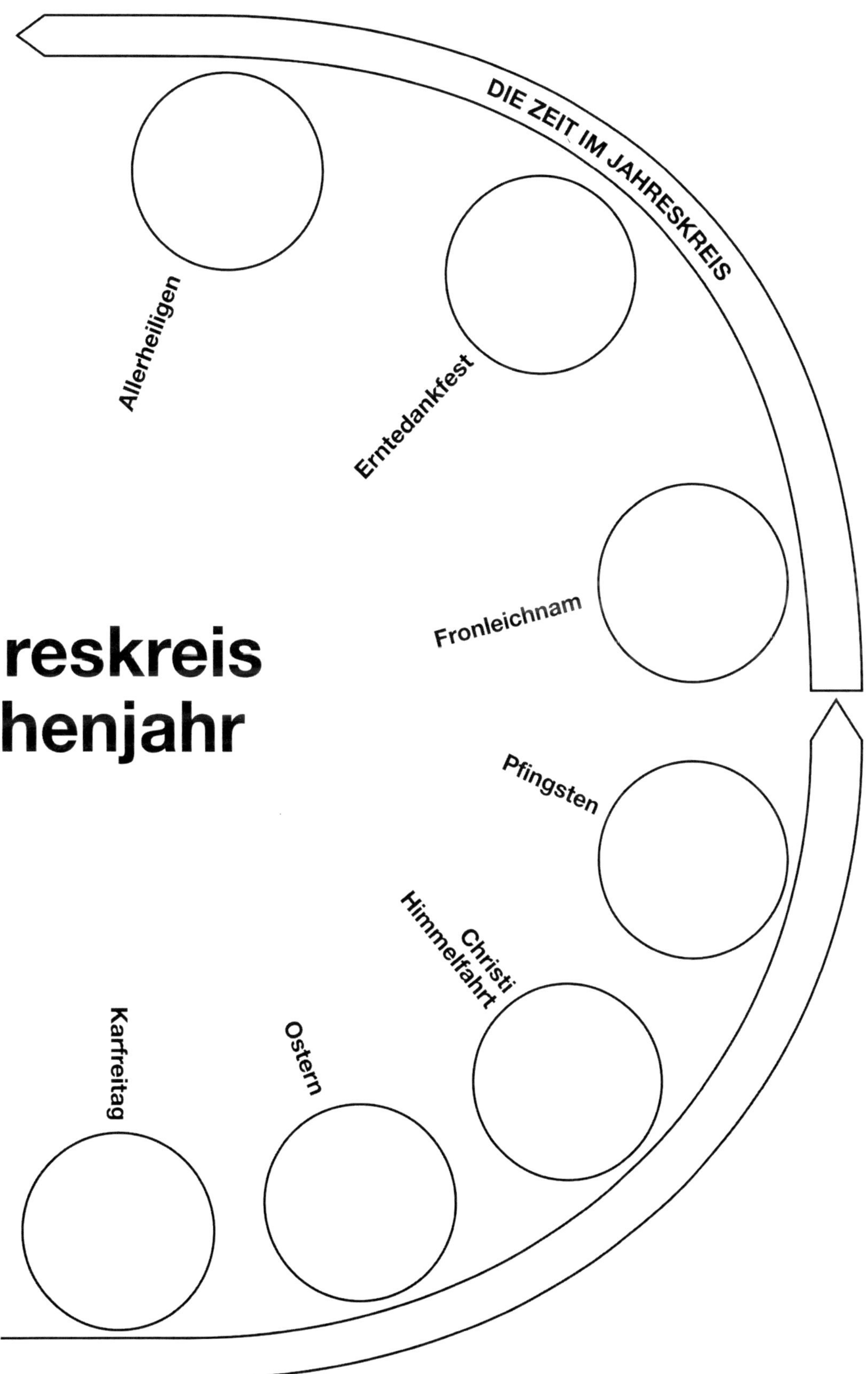

## Arbeitsblatt: Der Jahreskreis im Kirchenjahr – evangelische Variante (Zuordnungsspiel, Teil 1)

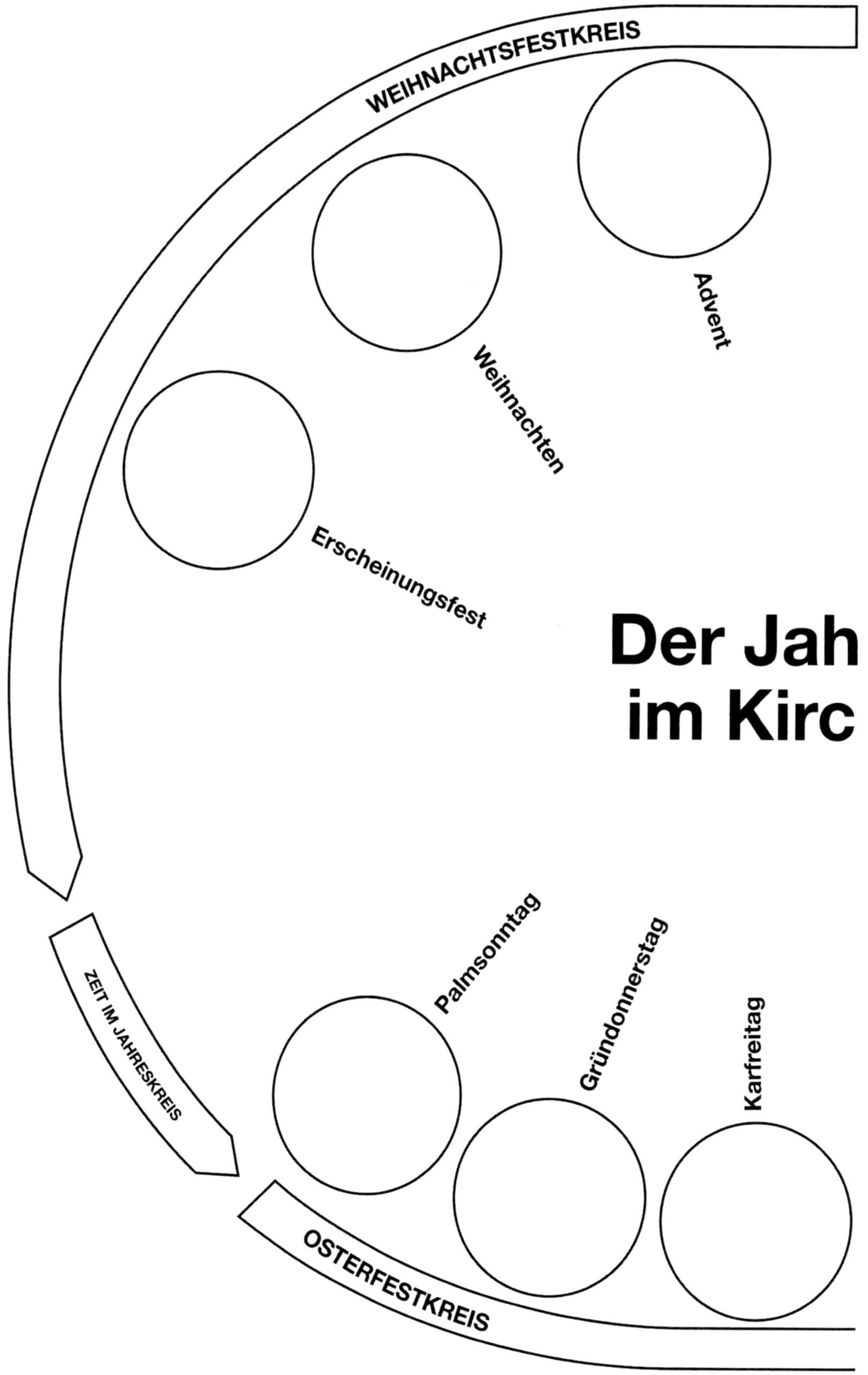

## Kopiervorlage zur Jahreskette (S. 10/11)

# Arbeitsblatt: Der Jahreskreis im Kirchenjahr – evangelische Variante (Zuordnungsspiel, Teil 2)

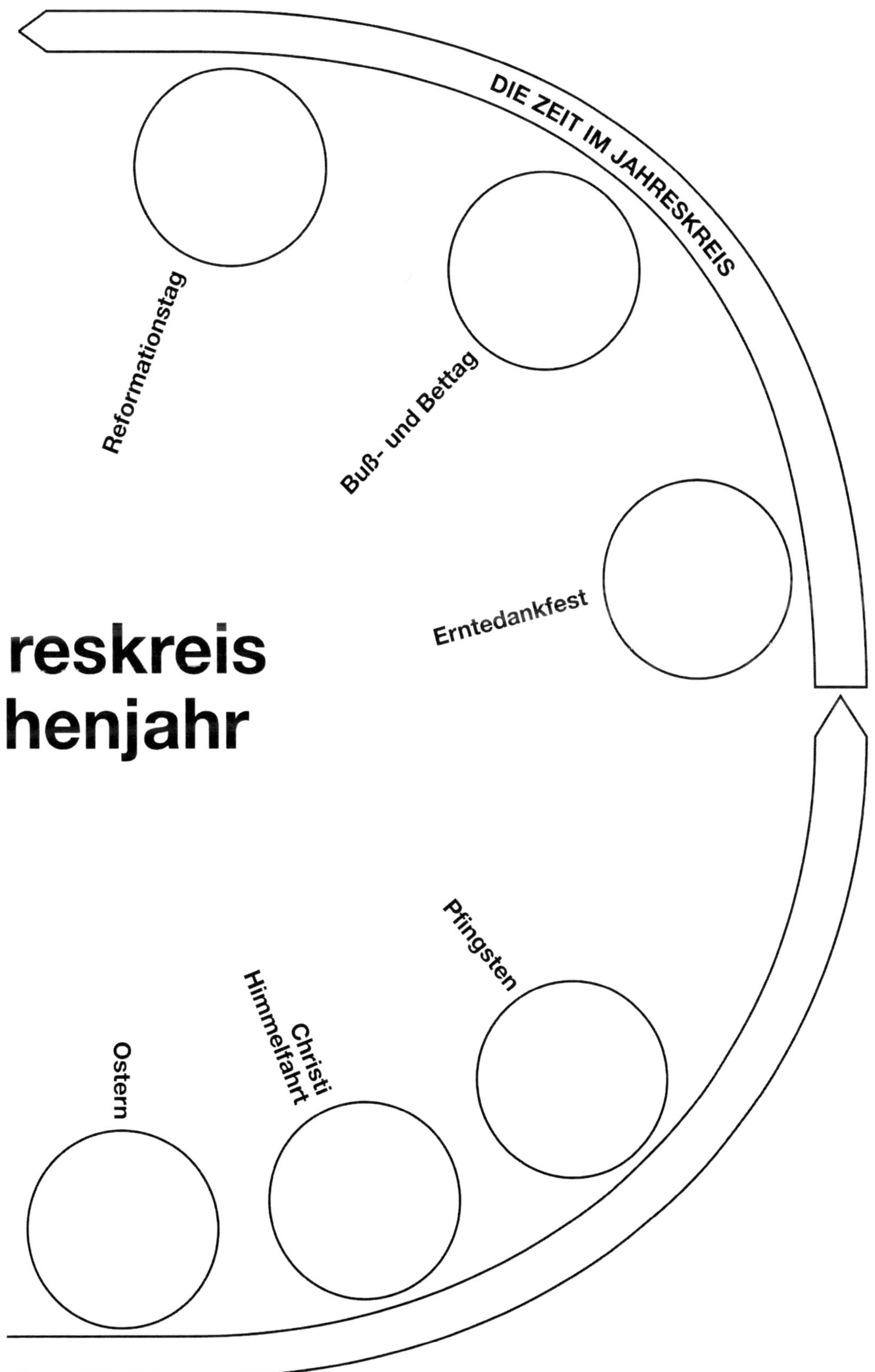

## Kopiervorlage zur Jahreskette (S. 10/11)

# Symbolkarten: Der Jahreskreis im Kirchenjahr

Ausschließlich katholische Feste:
Heilige Drei Könige
Aschermittwoch
Fronleichnam
Allerheiligen

Ausschließlich evangelische Feste:
Erscheinungsfest
Reformationstag
Buß- und Bettag

## Kopiervorlage zur Lebenskette (S. 12)

# Pfeile zu den Lebensjahren

Geburt

1. Geburtstag

2. Geburtstag

3. Geburtstag

4. Geburtstag

5. Geburtstag

6. Geburtstag

7. Geburtstag

8. Geburtstag

9. Geburtstag

10. Geburtstag

11. Geburtstag

12. Geburtstag

## Pfeile mit Ereignissen zur Lebenskette

Ich wurde geboren.

Ich werde getauft.

Ich gehe in den Kindergarten.

Ich gehe in die Schule.

Ich lerne Laufen.

Ich lerne Fahrrad fahren.

Ich lerne Rollschuh laufen.

Ich lerne Skifahren.

Ich bekomme einen Bruder.

Ich bekomme eine Schwester.

## Kopiervorlage zur Lebenskette (S. 12)

# Pfeile zum Leben Maria Montessoris

1870

1880

1890

1900

1910

1920

1930

1940

1950

# Ereignispfeile zum Leben Maria Montessoris

31. August 1870
Maria Montessori wird geboren.

1876–1890
Schulbesuch

1890–1896
Medizinstudium

10. Juli 1896
Promotion
Erste Ärztin Italiens

1896–1899
Arbeit als Ärztin

31. März 1898
Geburt ihres Sohnes Mario

Herbst 1899
Dozentin am Ausbildungsinstitut für Lehrer

1902
Beginn des Pädagogikstudiums

6. Januar 1907
Eröffnung des 1. Kinderhauses
(Casa dei bambini) in Rom

1910
Erster internationaler Erfolg

ab 1911
Montessorischulen in Italien, Schweiz, England, Argentinien, Frankreich, USA

1912
Überwältigender Erfolg
Erster internationaler Ausbildungskurs

1913
Erste Reise in die USA

1929
Gründung AMI

1933
Nationalsozialismus zerstört Montessoribewegung in Deutschland.

1934
Schließung der Montssorischulen in Italien

1939–1945
Montessori verlässt mit ihrem Sohn Europa.
Sie leben in Indien.
Arbeit zur Kosmischen Erziehung

1946
Rückkehr nach Europa

1947
Neugründung der Opera Montessori in Italien
40-Jahrfeier des 1. Kinderhauses in Italien

1947–1951
zahlreiche Vortragsreisen, Kongresse und Ausbildungskurse in vielen Ländern

6. Mai 1952
Maria Montessori stirbt in Nordwijk an Zee/
Niederlande

Kopiervorlage zur 10 000-Jahre-Kette (S. 13)

## Pfeilkarten zur 10 000-Jahre-Kette: Die Epochen unserer Geschichte

**5000 v. Chr.**
Ende der Alt- und Mittelsteinzeit
Beginn der Jungsteinzeit

**2200 v. Chr.**
Ende der Jungsteinzeit
Beginn der Bronzezeit

**800 v. Chr.**
Ende der Bronzezeit
Beginn der Eisenzeit

**3000 v. Chr.**
Beginn Zeit der Ägypter

**336 v. Chr.**
Beginn Zeit der Griechen
(Hellenismus)
Ende der Ägypter

**200 v. Chr.**
Beginn Zeit der Römer

**480 n. Chr.**
Ende der Römer
Ende der Eisenzeit
Beginn Mitelalter

**146 v. Chr.**
Ende Zeit der Griechen

**1500 n. Chr.**
Ende Mittelalter
Beginn Neuzeit

# Textkarten zur 10 000-Jahre-Kette

## Alt- und Mittelsteinzeit

Die Alt- und Mittelsteinzeit begann schon vor mehr als 10 000 Jahren und dauerte bis etwa 5 000 Jahre vor unserer Zeitrechnung. Aus dieser Zeit gibt es noch keine schriftlichen Überlieferungen. Die Menschen hatten nur sehr einfache Steinwerkzeuge, wohnten in einfachen Zelten oder Höhlen und waren noch Nomaden.

## Jungsteinzeit

Die Jungsteinzeit begann ca. 5.000 v.Chr. und endete etwa um 2.200 v.Chr.. Die Menschen wurden sesshaft, sie betrieben Ackerbau und hielten Tiere. Sie konnten Steine noch besser bearbeiten und bessere Werkzeuge herstellen. Es entstanden auch schon erste Berufe.

## Bronzezeit

Um etwa 2.200 v. Chr begann in Europa die Bronzezeit. Die Menschen konnten nun Metalle bearbeiten und Werkzeuge und Schmuck daraus herstellen. Es entstanden neue Berufe wie Schmelzmeister und Bergleute. Händler benutzten Ochsenkarren und Schiffe.

## Eisenzeit

Die Eisenzeit beginnt 800 v. Chr. Die Menschen haben das Eisen entdeckt und können nun noch bessere Werkzeuge herstellen. In Mitteleuropa lebten die Kelten, die auch schon eine sehr hohe Kultur hatten und besonders gute Reiter waren.

## Kopiervorlage zur 10 000-Jahre-Kette (S. 13)

# Textkarten zur 10 000-Jahre-Kette

### Ägypter

Das Land der Ägypter befand sich an den Ufern des Nils und war sehr fruchtbar. Die Könige nannte man Pharaonen. Sie herrschten wie Götter und besaßen prächtige Tempel. Nach ihrem Tod wurden sie in riesigen Pyramiden beigesetzt. Die Ägypter waren gute Mathematiker und hatten eine Bilderschrift (Hieroglyphen).

### Griechenland

Im antiken Griechenland gab es zwar viele Stadtstaaten (z. B. Athen, Sparta), in allen wurde aber dieselbe Sprache gesprochen. Auch die Griechen hatten schon eine sehr hohe Kultur. Es gab berühmte Philosophen. Noch heute lesen wir ihre Schriften. Die Griechen verehrten viele Götter, ihr Göttervater war Zeus.

### Römer

Die Römer hatten ein riesiges Weltreich erobert. Damit niemand in ihr Reich eindringen konnte, bauten sie riesige Schutzwälle (Limes). Die Römer bauten bereits richtige Straßen. In ihren Häusern gab es Wasserleitungen. Bei den Römern gab sehr viele Soldaten, aber auch Bauern, die z. B. Wein und Oliven anbauten.

### Mittelalter

Im Mittelalter gab es sehr viele arme Menschen. Die Könige und Fürsten waren dagegen sehr reich. Es gab viele Kriege. Städte wurden gegründet. Es gab Bauern auf dem Land, Ritter auf den Burgen, Handwerker und Händler in den Städten und Mönche, die sehr gebildet waren, in den Klöstern. Hier gab es auch erste Schulen.

# Text- und Blankokarten zur 10 000-Jahre-Kette

## Neuzeit

Um 1 500 n. Chr. begann die Neuzeit mit ihren vielen technischen Erfindungen. Könige und Kaiser wurden immer öfter abgeschafft, nicht adelige Menschen übernahmen Regierungsämter. Es gab immer größere und sehr grausame Kriege. Die Industrie wurde immer vielseitiger und die Länder mit Industrie immer mächtiger. Viele neue Berufe entstanden.

## Kopiervorlage zur Kette der Menschheitsgeschichte (S. 14)

## Pfeile zur Kette der Menschheitsgeschichte

2.300.000
Auftreten des homo habilis

2.000.000
Auftreten des homo erectus

1.400.000
Aussterben des homo habilis

1.300.000
Auftreten des Neandertalers

160.000
Auftreten des homo sapiens

50.000
Aussterben des homo erectus

30.000
Aussterben des Neandertalers

# Textkarten zur Menschheitsgeschichte

## Homo habilis

Der Homo habilis lebte vor 2.300.000 bis 1.400.000 v. Chr. in Afrika. Er konte schon einfache Werkzeuge herstellen und wurde ca 1,50 m groß.

## Homo erectus

Homo erectus bedeutet der "aufrechte Mensch". Er wird auch Frühmensch genannt und war der erste Mensch, der das Feuer nutzen konnte. Er entwickelte den Faustkeil und verließ als erster Afrika.

## Neandertaler

Der Neandertaler heißt eigentlich homo neanderthalensis. Seine Knochen wurden 1856 im Neandertal bei Düsseldorf gefunden. Er hatte einen kräftigen Körperbau. Die Neandertaler konnten schon Kleidung nähen, gingen auf die Jagd und entwickelten Waffen und Werkzeuge. Sie pflegten ihre Kranken und Verletzten und bestatteten ihre Toten.

## Homo sapiens

Homo sapiens bedeutet der "wissende Mensch" und ist die einzige übrig gebliebene Homo-Gattung. Alle anderen sind ausgestorben. Auch wir Menschen heute gehören dieser Gattung an. Er kam vor ca. 40.000 Jahren aus Afrika nach Europa.

## Pfeile zur Urzeitkette

299.000.000–252.000.000
Ende des Karbon
Beginn des Perm

252.000.000–201.000.000
Ende des Perm
Beginn der Trias

201.000.000–145.000.000
Ende der Trias
Beginn des Jura

145.000.000–65.000.000
Ende des Jura
Beginn der Kreidezeit

65.000.000–1.800.000
Ende Kreidezeit
Beginn des Tertiär

1.800.00 bis heute
Ende des Tertiär
Beginn des Quartiär

Kopiervorlage zur Urzeitkette (S. 15)

## Wortkarten zur Urzeitkette

| | |
|---|---|
| **Perm** | **Kreide** |
| **Trias** | **Tertiär** |
| **Jura** | **Quartiär** |

## Kopiervorlage zur Urzeitkette (S. 15)

# Textkarten zur Urzeitkette

## Perm

Schon zu Beginn des Perms gab es in Mitteleuropa erste Nadelwälder. In den Seen lebten Stachel- und Süßwasserhaie und altertümliche Knochenfische. Am Ende des Perms kam es zu einem Massensterben in der Tierwelt, besonders bei den Meerestieren. Viele Tiergruppen, wie z.B. die Trilobiten, starben jetzt aus.

## Kreide

In der Kreidezeit lebten die Dinosaurier und Ammoniten noch einmal richtig auf. Es bildeten sich neue Meere, in denen sich viele neue Fischarten entwickelten. Die noch heute lebenden Haie stammen von einer Art der Kreidezeit ab. Das Land beherrschten vor allem die Dinosaurier. In der Mitte der Kreidezeit entwickelten sich die ersten Blütenpflanzen.

## Trias

Die Landtiere entwickelten sich in der Trias weiter und es entstanden neue Wirbeltiergruppen, wie z.B. Frösche und Schildkröten, sowie auch erste, aber noch unbedeutende Säugetiere. Zum Ende der Trias entwickelten sich die Flugsaurier, die aber nicht mit den Dinosauriern verwandt waren. Aber auch am Ende des Trias starben wieder viele Tiere aus.

## Tertiär

Im Tertiär wurden die Dinosaurier von den Säugetieren abgelöst. Jetzt begann die Erdneuzeit, das Zeitalter der Vögel und Säugetiere. In den Meeren starben die großen Meeresreptilien aus und es gab die ersten Wale, die sich aus fleischfressenden Landsäugetieren entwickelt hatten. Es gab auch die ersten Walrosse, Robben und Seelöwen. Auch die Vogelwelt entwickelte sich weiter. Die Blütenpflanzen breiteten sich weiter aus. Aus dieser Zeit stammen die ältesten Vertreter der Rosen. Riesige Laubwälder entstanden und verdrängten die bis dahin vorherrschenden Nadelwälder.

## Jura

Im Jura gab es vor allem in den Meeren eine artenreiche Tierwelt (Ammoniten, Belemiten, Fische und Meeressaurier). An Land lebten die Dinosaurier in einer urzeitlichen Pflanzenwelt.

## Quartiär

Vor 1.800.000 begann das Quartiär. Erst jetzt entstand der Mensch. Das Kommen des Menschen ist das Hauptkennzeichen des Quartiärs. Im Quartiär wechselten sich Warm- und Kaltzeiten ab.

## Bezugsquellen

BEL-Montessori
Aich-Weinbergstr. 1c
A-4865 Nußdorf
Österreich
www.bel-montessori.at

Walter LABBÉ GmbH
Walter-Gropius-Str. 16
50126 Bergheim
hallo@labbe.de
www.labbe.de

montessori-download
www.montessori-download.de

Montessori-Lernwelten
Trainingsunterlagen 24 GmbH
Ramstedter Str. 24
39326 Zielitz
www.montessori-material.de

Montessori-Raritäten
BRAUN-MWDIEN
Azaleenweg 26
40882 Mettmann
www.montessori-raritaeten.de

Nienhuis Montessori
Heutnik International B.V.
Industriepark14
7021 BL Zelhem/Niederlande
www.nienhuis.de
Vertrieb und Beratung:
Katrin Worrmann
k.worrmann@nienhuis.de

Martin Plackner
Der Spielzeugmacher
Alkersdorf 21
A-4880 St. Georgen/Attergau
www.spielzeugmacher.at
post@spielzeugmacher.at

Pruefl Montessori
Vertrieb für Deutschland
Pruefl GmbH
Windhorststr. 9
67549 Worms
www.pruefl.de
info@pruefl.com

WS-Montessori
Vertrieb für Deutschland
c/o Pruefl Deutschland (s.o.)

# Weiterführende Literatur

Eckert Ela, Waldschmidt, Ingeborg (Hg.)
Kosmische Erzählungen
LIT-Verlag, Berlin/Münster
ISBN 978-3-8258-9882-3

Standardwerk zu den Erzählungen

Helmle, Thomas/ Wöbke-Helmle Petra
Praxisbuch Kosmische Erziehung
Herder Verlag, Freiburg
ISBN 978-3-451-37505-7

Hervorragender Überblick über die kosmische Erziehung und entsprechende Materialien sowie zu den Erzählungen mit zahlreichen Abbildungen

Kaul, Claus-Dieter
Handbuch zur Kosmischen Erziehung
Nienhuis (siehe Bezugsquellen)

Kaul, Claus-Dieter/Wagner, Christiane M.
Montessori konkret Band 4
Kosmische Erziehung
Brigg-Verlag
ISBN 978-3-95660-086-9

Montessori, Maria
Kosmische Erziehung
Herder Verlag, Freiburg
ISBN 978-3-451-38749-4

montessori-download
www.montessori-download.de

Textgrundlagen zu Erzählungen, Begleitmaterialien

Montessori-Raritäten
(siehe Bezugsquellen)

Sehr gut aufbereitete Erzählungen mit Begleitmaterialien

Schaub, Horst
Kosmische Erziehung
in der Montessori-Pädagogik
Band 1 und 2
Herder-Verlag Freiburg
978-3-451-32431-4
978-3-451-32831-2

# Ihr Pädagogik-Partner!

Monika Roller

**Kinder entdecken die Wortarten**

**Eine Grammatikkartei zu den Montessori-Wortarten-symbolen**

128 S., DIN A4,
mit Kopiervorlagen
**Best.-Nr. 333**

Nach einer kindgerechten Einführung in die wichtigsten Wortarten üben die Schüler mit den Wortartensymbolen Maria Montessoris und festigen so ihr Wissen. Die **kopierfähige Grammatikkartei** enthält umfangreiches Material für die gesamte Grundschulzeit und darüber hinaus. **Farbige Abbildungen** unterstützen die Umsetzung im Unterricht.

Franziska Püller

**Im Land der Sprache**

**Spannende Wortarten-geschichten**

**Grammatik verstehen mit Montessori-Pädagogik**

98 S., DIN A4, farbig
mit Kopiervorlagen
**Best.-Nr. 134**

Anhand von witzigen, spannenden Geschichten entdecken Kinder der 1. bis 4. Klasse die Bedeutung und Eigenschaften der verschiedenen Wortarten. **Besonders schwächere Kinder** erschließen sich wichtige grammatikalische Grundbegriffe handlungsorientiert, ganzheitlich und nachhaltig.

Franziska Püller

**Hurra, jetzt bin ich Rechtschreibkönig!**

**Sicher Rechtschreiben lernen mit Montessori-Pädagogik**

160 S., DIN A4, farbig,
mit Kopiervorlagen
**Best.-Nr. 307**

Dieser schön illustrierte Praxisband, der ohne Montessori-Vorkenntnisse eingesetzt werden kann, zeigt Ihnen, wie Sie betroffenen Kindern helfen können, assoziativ zu lernen. Er vermittelt anschaulich, wie man Schwächen erkennen und Kinder ganz gezielt individuell fördern kann. Das **kreative Rechtschreibtraining** hilft Ihnen, Kindern mit LRS oder Teilleistungsstörungen sowie Migrationshintergrund nachhaltig Sicherheit beim Schreiben zu vermitteln.

Fred Frebel

**Mit Montessori Sport unterrichten**

**4. bis 10. Klasse**

124 S., DIN A4, farbig,
Ideen für die Praxis
**Best.-Nr. 389**

Der Band vermittelt mit den Grundsätzen Maria Montessoris den Kindern einen Zugang zum Sport und zur Bewegung. Er enthält ein breites und vielfältiges Übungsangebot, das die Persönlichkeitsentwicklung der Kinder unterstützt und es ihnen ermöglicht, ohne Leistungsdruck Spaß und Freude am sportlichen Tun zu gewinnen.

## Bestellcoupon

Ja, bitte senden Sie mir / uns mit Rechnung

_____Expl. Best.-Nr. ____________________

_____Expl. Best.-Nr. ____________________

_____Expl. Best.-Nr. ____________________

Meine Anschrift lautet:

Name / Vorname

Straße

PLZ / Ort

E-Mail

Datum/Unterschrift Telefon (für Rückfragen)

Bitte kopieren und einsenden an:

**Brigg Verlag**
**Regina Büchler**
**Kustos-Trinkl-Str. 23a**
**86316 Friedberg**

Bequem bestellen per Telefon / Mail:
Tel.: 0821 / 440 17 190
E-Mail: info@brigg-verlag.de
Online: www.brigg-verlag.de